GIUSEPPE STOPPIELLO

Johannes Brahms
6 Klavierstücke op.118

Saggio di analisi

a Marta

Introduzione

Brahms è sempre stato oggetto di una massiccia attenzione da parte della letteratura musicologica, in modo particolare il suo corpus sinfonico. Gli studi fatti sugli ultimi cicli pianistici, con specifico riferimento all'opera in esame, sono frammentari, focalizzati su aspetti riguardanti singoli intermezzi, senza prendere in considerazione in maniera soddisfacente la totalità dell'opera.

Lo scopo principale di questa analisi è dimostrare la coerenza del pensiero compositivo brahmsiano, attraverso un'indagine sulle fitte relazioni che intercorrono tra i brani che compongono l'op.118. L'attenzione è stata rivolta principalmente ai nessi melodici, senza tralasciare aspetti armonici e ritmici. In via generale non sono state prese in esame valutazioni estetiche dei *Klavierstücke*, né tanto meno considerazioni sul loro contesto storico.

I *6 Klavierstücke op.118* furono composti nell'estate del 1893, presso la località di Bad Ischl che Brahms scelse sistematicamente come luogo di vacanze negli ultimi anni di vita. Insieme con gli altri cicli pianistici dell'ultima stagione creativa (*op.116-119*), Brahms ritorna ad un pianismo più intimistico a cui aveva già dedicato brevi momenti (*Ballate op.10* e *Klavierstücke op.76*), ritornando verso quella 'poetica del frammento' tanto cara a Schumann. In questi brani è concentrato tutto l'artigianato compositivo brahmsiano, il minuzioso e personale utilizzo delle tecniche contrappuntistiche e il cosiddetto principio della 'entwickelnde variation', variazione 'sviluppante', portato agli onori della cronaca da Schönberg e punto di partenza per la formulazione della sua tecnica dodecafonica.

In Brahms la tecnica 'variazione' si dispone su un piano completamente nuovo e qualitativamente superiore rispetto al suo utilizzo nelle epoche passate. Diventa elemento centrale del suo pensiero compositivo: «egli perseguiva un edificio musicale la cui coesione fosse garantita, sia pure nella varietà della conformazione, dalla ricchezza delle relazioni.»[1] In questo raffinatissimo procedimento rientra il magistrale utilizzo delle tecniche contrappuntistiche tradizionali (moto contrario, inversione, retrogradazione...), che in Brahms, come si vedrà, vengono maggiormente adoperate come mezzo di variazione motivica. Egli si basa quasi esclusivamente su combinazioni intervallari

---

[1] SCHMIDT, Christian Martin, *Brahms*, Torino, EDT 1990, p. 79

relativamente semplici e brevi, da i quali far *sviluppare* motivi o frasi di più ampio ed articolato respiro. Un caso emblematico è la *Quarta Sinfonia*, il cui impianto melodico ed armonico è riconducibile quasi interamente all'intervallo di terza esposto in principio.

Per quanto riguarda i titoli dei brani, Brahms, a differenza di Schumann, utilizza termini generici che non rimandano in alcun modo ad un'idea programmatica e che hanno assunto nella sua produzione nuove personali accezioni. E' il caso del termine 'intermezzo', che in origine indicava un brano interposto tra due entità di maggiore estensione, mentre in Brahms negli ultimi cicli pianistici assume il significato di una composizione a sé stante, spesso a carattere lirico. Il termine 'ballata', in questo caso si differenzia dalle ballate strumentali di Chopin e Liszt, ed anche dalle stesse brahmsiane *Ballate op.10*, che si basavano sull'antico concetto di 'ballata poetica'. La *Ballata* in Sol minore, contenuta nell'*op.118*, sembra più vicina alle due *Rapsodie op.79* e alla *Rapsodia* inserita nell'*op.119*, termine, quest'ultimo, che ha poco in comune con le celebri rapsodie lisztiane. E' interessante notare che lo stesso Brahms ebbe un ripensamento nel nominare il terzo numero del ciclo: dal manoscritto è chiaramente visibile la scritta *rhapsodie* in testa alla composizione, cancellata e sostituita dal termine *ballade*.

La *Romanza* in Fa maggiore rappresenta l'unico brano strumentale ad avere tale denominazione in tutta la produzione brahmsiana.

Le successioni delle tonalità all'interno dell'opera non sembrano essere frutto del caso, ma seguire piuttosto un preciso percorso senza dubbio premeditato da Brahms. Si presentano innanzitutto a distanza di tono l'una dall'altra (escludendo ovviamente i passaggi da maggiore a minore tra i primi due intermezzi, ed il n.4 e la *Romanza*) e sembra esserci una certa ricorsività. Infatti è possibile dividere il ciclo in due gruppi di tre brani ciascuno. Il primo gruppo è formato dai i primi tre brani e il secondo gruppo dagli ultimi tre. I due gruppi hanno le stesse caratteristiche: il primo brano di ciascun gruppo ha una tonalità minore, il secondo il suo omologo maggiore e il terzo la tonalità minore posta un tono sotto (cfr. esempio 1).

Inoltre tale sequenza si riflette anche sul carattere musicale dei brani: il primo del gruppo (quindi gli intermezzi n.1 e n.4) ha un forte slancio passionale, il secondo (n.2 e n.5) è in tempo lento ed è un brano più lirico, mentre il terzo del gruppo (n.3 e n.6) ha una vena epica, eroica ed a tratti tragica. A questo punto è possibile giungere ad un'ipotesi alquanto interessante. Il raggruppamento messo fin qui in evidenza sembra avere un livello strutturale che è possibile identificare con la più usuale delle strutture musicali, vale a dire la forma A B A' che, come vedremo successivamente, è anche la forma di quasi tutti i brani del ciclo. Le sezioni A e A' (con riferimento al raggruppamento) hanno tonalità minori e sono musicalmente affini, la sezione B invece ha carattere contrastante rispetto alle altre.

I	II	III		IV	V	VI
La min.	La magg.	Sol min.		Fa min.	Fa magg.	Mi ♭ min.
⇓	⇓	⇓		⇓	⇓	⇓
A	B	A'		A	B	A'

Esempio 1. Ricorsività all'interno dei *Klavierstücke op.118*

Analisi dei klavierstücke

L'**Intermezzo n.1** in la minore formalmente presenta la struttura del lied bipartito "a tre frasi", quindi con un'articolazione del tipo:

|: A   :|: B   A'   :| Coda

da non confondere con la struttura ternaria del tipo **A B A'**[2] che, come vedremo in seguito è la forma di tutti gli altri brani del ciclo pianistico. La sezione A (batt.1-10) è composta da due frasi di quattro battute ciascuna, più un'appendice di due battute come prolungamento della cadenza che chiude la sezione. La prima frase presenta il motivo generatore (un intervallo di terza colmato da una nota di passaggio, cfr. esempio 2) posto in progressione di terza discendente, sorretto da arpeggi ampi e con un ritmo armonico di due battute. La seconda frase presenta un intensificarsi degli eventi: il motivo principale è posto ancora in progressione, questa volta di semitono e compattata in due battute,

---

[2] Per un approfondimento si veda AZZARONI, Loris, *Canone infinito: lineamenti di teoria della musica*, Bologna, Clueb 1997, pp. 470-472

giungendo ad una cadenza al relativo maggiore. Le due battute di supplemento confermano tale cadenza, dilatando ritmo armonico e melodia.

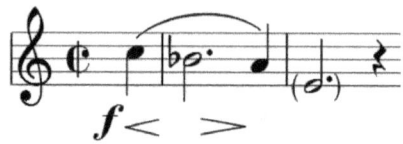

Esempio 2. Motivo dell'*Intermezzo* n.1[3]

La sezione B (batt.11-30a) presenta lo stesso motivo esposto in forma inversa[4], creando unità ed allo stesso tempo contrasto, seguito da un lungo arpeggio dal fraseggio acefalo. Anche in questo caso vi è una ripetizione in progressione, una quinta sotto. Nella seconda riproposizione il lungo arpeggio viene interrotto e posto anch'esso in progressione, l'armonia si intensifica grazie anche al procedere cromatico in senso ascendente del basso, fino a sfociare nella ripresa

---

[3] Il mi messo tra parentesi (suonato dalla mano sinistra) non è chiaro se faccia parte della linea melodica. Sembra di no, ma una sua inclusione potrebbe essere giustificata dal fatto che quando il motivo è rivoltato compare anche la quarta nota (rappresentata in questo caso dall'accordo sforzato) e compare anche nella coda quando il motivo è aggravato.

[4] In realtà il motivo è presente anche nella sua forma originaria, nella voce interna della mano destra.

di batt.21. Vengono riesposte letteralmente le prime due battute, ma questa volta seguite da una progressione in senso ascendente. Successivamente è esposta una frase di 4+2 battute simile alle batt.5-10, ma questa volta nel tono d'impianto. Segue la Coda (batt.30b-41) che presenta un pedale di dominante su cui si fonda un lungo arpeggio ascendente di settima diminuita, seguito da una discesa con fraseggio acefalo che porta ad un'ultima comparsa del motivo principale, questa volta per aggravamento (batt.36-39). E' interessante notare come, alla fine del ritornello della sezione B, le due battute di appendice della frase (che aggravavano il disegno melodico della cadenza) vengono sostituite da due battute (batt.29b-30b) che questa volta intensificano la tensione e muovono verso il pedale, grazie anche alla contrazione melodica della voce interna:

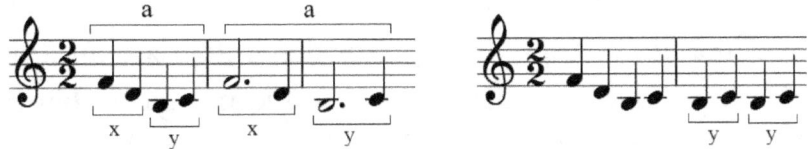

Esempio 3. Voce interna batt.28-30a e batt.29b-30b

Analizzando il profilo melodico dell'*Intermezzo* ad un livello strutturale più profondo, si evince una sequenza scalare discendente (cfr. esempio 4) che, come vedremo in seguito, sarà quasi una costante nell'intero ciclo.

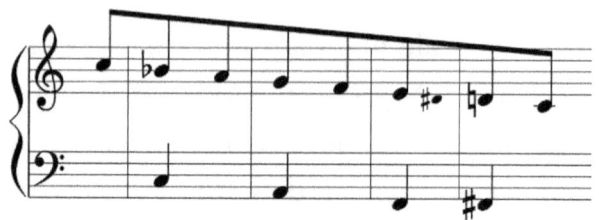

Esempio 4. Sequenza scalare (batt.1-6)

Armonicamente questo primo *Intermezzo* è caratterizzato da una marcata ambiguità, che lascia l'ascoltatore nell'incertezza di quale sia la reale tonica per quasi l'intera durata del brano. Già nella prima battuta abbiamo un accordo che ad un primo ascolto sembra essere una dominante, in stato fondamentale, di Fa con le sembianze di un concatenamento V^7-III^6. Tale disegno è ripetuto in progressione una terza sotto nell'area di Fa maggiore. Questi elementi e la chiusa del primo periodo con una cadenza in Do maggiore (batt.8-10) lasciano intendere che l'intero periodo sia in quest'ultima tonalità, e che la battuta iniziale sia una tonicizzazione del quarto grado della scala[5]. Quindi il

---

[5] E' ciò che avviene all'inizio della *Sinfonia n.1 op.21* in Do maggiore di Beethoven, dove le prime due battute lasciano presagire la tonalità di Fa maggiore, subito smentite dalle quelle successive che si muovono nell'area della dominante di Do maggiore.

tutto potrebbe essere visto come un arricchimento della classica cadenza IV-V-I. Il si♭ di batt.1 si configura in realtà come nota di passaggio (o meglio appoggiatura) tra il do e il la, ma essendo una nota estranea alla scala l'ascoltatore è tratto in inganno dal forte colore armonico di dominante che si viene a formare (cfr. esempio 5).

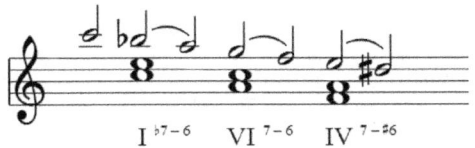

I $^{♭7-6}$ VI $^{7-6}$ IV $^{7-♯6}$

Esempio 5. Schema armonico delle batt.1-5

A batt.5, dove compare la terza riproposizione del modello della progressione, la risoluzione del mi della voce superiore sul re♯ genera, con le altre parti, un accordo di 'sesta francese' che potrebbe portare ad una cadenza in La minore, ma Brahms preferisce accostargli una risoluzione eccezionale[6] che porta come si è detto alla cadenza in Do maggiore. Un altro segnale di ambiguità armonica è presente a batt.7: il la della parte superiore, che forma un accordo di nona di dominante

---

[6] Il fa del basso ed il re♯ anziché risolvere naturalmente entrambi al mi, convergono rispettivamente al fa♯ ed al re♮, formando con le altre parti interne una dominante della dominante di Do maggiore.

di Do maggiore, scende cromaticamente sul lab formando quindi una nona minore. Considerando il lab enarmonicamente come sol#[7], tale accordo potrebbe risolvere sia in Do maggiore che in La minore (anche se comporterebbe un movimento inconsueto del basso, cfr. esempio 6).

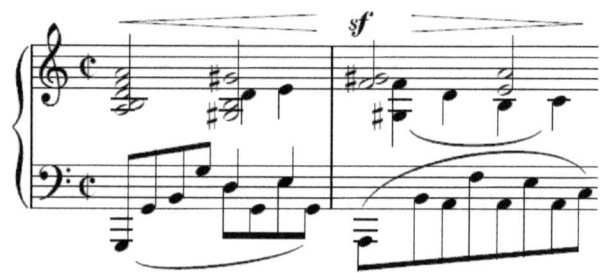

Esempio 6. Ipotetica cadenza in La minore (batt.7-8)

La sezione B, batt.11-20, è impostata chiaramente in La minore. Una progressione non regolare con basso che ascende cromaticamente (batt.16-20) porta alla ripresa in cui sono riesposte letteralmente le batt.1-2 seguite da una ripetizione questa volta una terza sopra, culmine dell'intero brano.

---

[7] E' interessante notare come il disegno melodico la-lab-sol delle batt.7-8, sia, con l'inizio della sezione B, esattamente rivoltato con sol-sol#-la con il doveroso cambio enarmonico dato dal fatto che il primo è nell'aria di Do maggiore ed il secondo nell'area di La minore.

Tale apice è senza dubbio in Do maggiore (batt.23-24) e sembra riprendere corpo l'ipotesi che sia proprio questa tonalità l'impianto armonico dell'intero brano, ma ancora una volta Brahms semina ambiguità con la successiva frase, simile alle batt.5-10 che questa volta confermano la tonalità di La minore. La coda (batt.30b-41) sembra chiarire ogni dubbio, confermando la cadenza a fine ripresa appena udita. Un lungo pedale di dominante introdotto a sua volta dalla sua dominante (V del V di La) lascia intendere che il La minore sia il reale impianto tonale: così è, ma Brahms ci sottopone ad un ultimo sussulto quando a batt.38 si presenta un accordo di settima diminuita che potrebbe risolvere ancora una volta sia in Do maggiore che in La minore[8]. L'*Intermezzo* termina con la cosiddetta 'terza di piccarda', che prepara la sonorità per il successivo *Intermezzo*.

---

[8] Nel caso di una possibile cadenza in Do maggiore è necessario leggere enarmonicamente il sol♯ come la♭, avendo così la settima diminuita posta sul settimo grado in primo rivolto. Questa ipotetica risoluzione avrebbe il pregio di un più naturale movimento del basso.

L'**Intermezzo n.2** in La maggiore è in forma ternaria, secondo lo schema **A | B | A'**, tipico dei piccoli pezzi per pianoforte. La sezione centrale è impostata nel tono del relativo minore. Tutte le sezioni hanno un'articolazione formale propria. La sezione A è strutturata in forma binaria con coda: **a** (batt.1-16) **b** (batt.17-38) **coda** (batt.38-48). La sezione B è in forma ternaria: **a** (batt.49-56) **b** (batt.57-64) **a'** (batt.65-76). La ripresa A' ripropone lo schema di A, sebbene un po' più concisa.

Il materiale motivico della sezione A è basato su un breve inciso racchiuso anch'esso, come nel precedente *Intermezzo*, in un intervallo di terza. Questo motivo è utilizzato nel corso del brano anche nelle parti interne o, con alcune modifiche, integrato in linee più ampie. Dalla prima semifrase (batt.1-2) è ricavato l'altro motivo che contraddistingue la parte 'b' e la coda della sezione A:

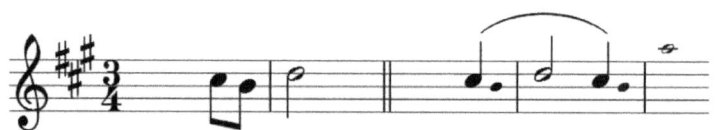

Esempio 7. Motivi sezione A dell'*Intermezzo* n.2

Tale motivo (alternanza di nota reale e nota di volta superiore) è caratterizzato da un'ambiguità metrica, squisitamente brahmsiana. La successione forte-debole-debole insita del tempo 3/4 è anticipata sulla terza divisione della battuta precedente ed alternata ad una scansione forte-debole propria del tempo 2/4:

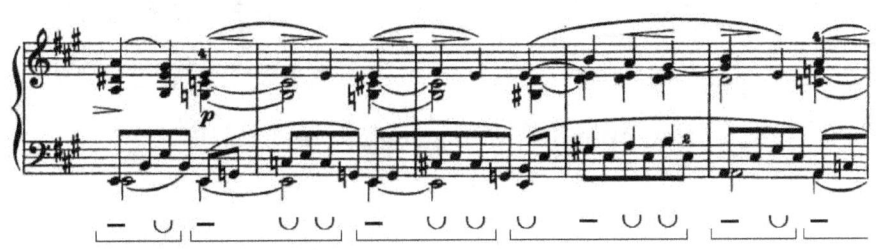

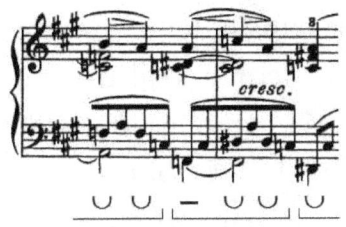

Esempio 8a. Ambiguità metrica batt.16-22

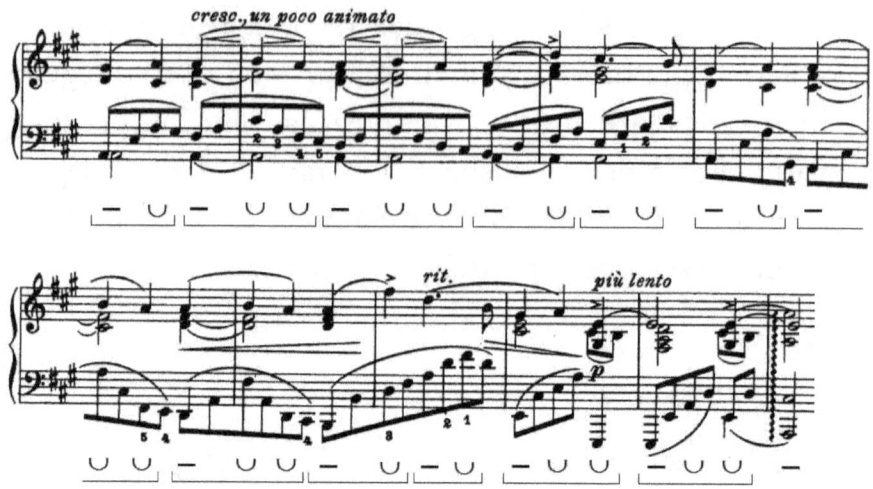

Esempio 8b. Ambiguità metrica batt.38-48

Nelle batt.30-34 compaiono due piccole frasi supportate al basso dal motivo principale dell'*Intermezzo* e costruite con incisi melodici che ricordano il motivo dell'*Intermezzo* n.1[9] (cfr. esempio 9a, parentesi quadre). In questo frammento è possibile riscontrare la successione scalare discendente cui s'è fatto riferimento sopra, presente subito dopo anche nel basso:

---

[9] Tale somiglianza è dovuta anche al fatto che sul battere è presente un'appoggiatura tipica del precedente *Intermezzo*.

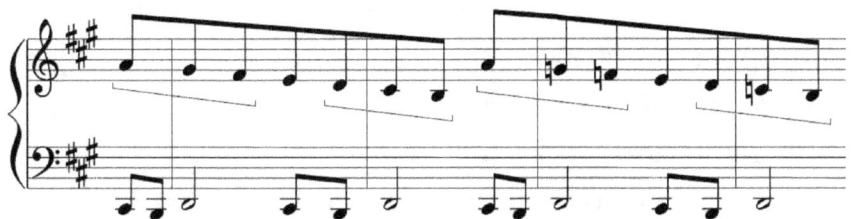

Esempio 9a. Successione scalare batt.30-34

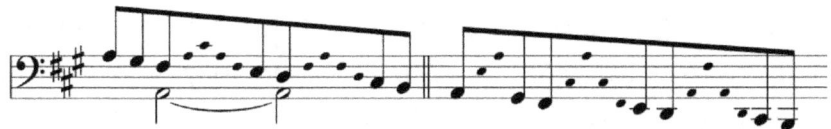

Esempio 9b. Successione scalare batt.38-44

Dal levare di batt.35 si presenta una frase simile a quella d'apertura[10], con la differenza che questa volta nella prima semifrase il profilo melodico è perfettamente rivoltato[11].

Armonicamente la sezione A è caratterizzata da una particolare ambiguità, non nel senso di quella riscontrata nel precedente *Intermezzo*. Le due sezioni

---

[10] E' plausibile considerare tale frase come una ripresa all'interno della sezione A.

[11] Nonostante sia rivoltato, il motivo è perfettamente riconoscibile, persino nell'imitazione presente nella voce interna (batt.35-36) che oltre ad essere rivoltato, ha una configurazione ritmica di tipo giambico al posto dell'anapesto.

esterne sono infatti costruite «in base all'interessante presupposto armonico che la tonica – pur inconfondibile e mai indebolita sul piano dell'orientazione tonale del pezzo – non viene mai udita come punto di riposo fino alle misure conclusive delle suddette sezioni.»[12] Compare in levare, come accordo di passaggio o in rivolto, risultando quindi instabile[13]. Per Epstein la conclusione della sezione A, «dove la tonica emerge esplicitamente», rappresenta il «primo effettivo battere strutturale [...] Tutto ciò che lo precede è, in senso macroscopico, il suo levare».

La sezione B, impostata con un maggiore diatonismo, si apre con un disegno melodico apparentemente nuovo, ma la riduzione analitica dell'esempio 10 ne mostra la sua derivazione:

---

[12] EPSTEIN, David, *Al di là di Orfeo. Studi sulla struttura musicale*, Milano, Ricordi 1998, pp. 204-205

[13] E' interessante notare che questo tipo di ambiguità armonica è riscontrabile in una sezione della *Novelletta n.8 op.21* di Schumann (batt.312-319). Anche qui il passaggio, seppur breve, è impostato in La maggiore, la cui tonica è presente solo sotto forma di pedale, che si interrompe nel momento della cadenza di frase sulla dominante e come accordo di passaggio su una suddivisione debole. Come in Brahms, in questa sezione la tonica non è mai indebolita e si percepisce chiaramente l'orientamento armonico.

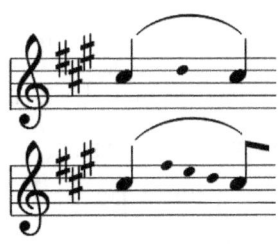

Esempio 10. Derivazione del motivo della sezione B

Inoltre tale disegno melodico è già presente in diversi punti (con lievi modificazioni a vari livelli) all'interno della sezione A[14]. La parte 'a' della sezione B è caratterizzata dal contrasto ritmico dovuto al confronto tra duine e terzine, e presenta un periodo composto da due frasi di quattro battute, dove nel profilo melodico è evidente ancora una volta la successione scalare discendente, questa volta sottoposta a trattamento canonico (seppur non perfetto):

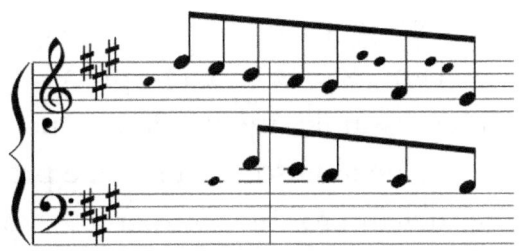

Esempio 11. Successione scalare discendente (batt.49-56)

---

[14] Cfr. nello specifico batt.19, batt.23 (con intervalli dilatati), batt.29, batt.41, batt.45; tutte da intendersi con levare.

La parte 'b', a carattere omoritmico, è impostata in Fa♯ maggiore e conserva lo stesso andamento in canone limitato però ai primi quattro suoni, che vengono reiterati. In questa parte Brahms altera ancora ritmo e metro, generando una serie di ambiguità ad ogni riproposizione dell'inciso:

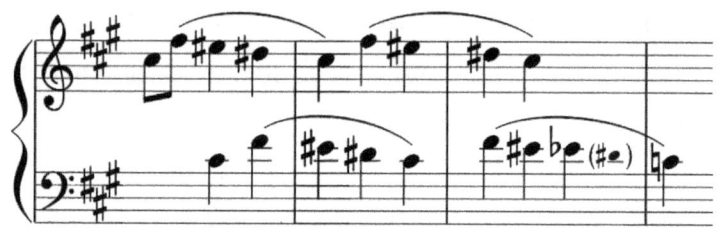

Esempio 12. Sfasamento metrico con il motivo della sezione B (batt.57-60)

Da batt.65 si ripresenta il canone in Fa♯ minore, ma questa volta a parti invertite: è la voce interna a condurre l'imitazione. La prima frase resta sostanzialmente simile, mentre la seconda subisce delle variazioni, dovute al fatto che in essa è presente il punto culminante dell'intero brano (batt.69), raggiunto con un'intensificazione ritmica dovuta alla diminuzione dei valori, e melodica grazie all'ampliamento dell'intervallo iniziale di quarta del motivo, diventando d'ottava (cfr. esempio 13). Seguono tre battute di transizione che conducono alla vera ripresa in senso strutturale. Qui (batt.73-75) viene espansa la figura melodica secondaria di batt.70-71[15] (arpeggio + grado congiunto discendente), che subisce un prolungamento dell'arpeggio iniziale. Tale figura era già stata utilizzata, nella forma originaria e con alcune varianti, a batt.50 e sgg. per interrompere il flusso scalare del motivo in canone.

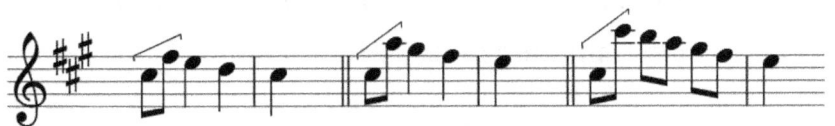

Esempio 13. Ampliamento intervallo iniziale del motivo della sezione B (batt.49, 53, 69)

La sezione A' è pressoché identica alla prima, se non per la parte 'a' che si differenzia rispetto all'esposizione. In primo luogo si presenta dimezzata, essendo composta da 8 battute anziché 16. Nella sezione A il periodo di 8 battute veniva ripetuto con alcune varianti che arricchivano il moto delle parti interne. Tale ripetizione aveva, all'inizio del brano, il compito di assicurare l'intelligibilità dei motivi su cui

---

[15] Questa figura melodica è il moto contrario delle parti interne a batt.8 e batt.28 dell'*Intermezzo* n.1 (fa-re-si-do).

tutto il resto è costruito. Nella ripresa tutto ciò risulterebbe superfluo, in quanto nella mente dell'ascoltatore si è già stabilita chiaramente l'idea di base dell'*Intermezzo*.

In secondo luogo c'è un mutamento di direzione del profilo melodico dei conseguenti delle due frasi (batt.78-79 e batt.82-83). In A avevano un moto ascendente che si inverte in A', conservando il sinuoso cromatismo che aveva caratterizzato la loro ripetizione nell'esposizione. La parte 'b' e la coda della sezione A si ripetono letteralmente nella ripresa.

La **Ballata** in Sol min, terzo numero del ciclo, presenta formalmente il consueto schema ternario. La sezione A è articolata internamente secondo quello che Schönberg definisce 'piccola forma ternaria'[16]: un periodo composto da due frasi di 5 battute (batt.1-10), sezione mediana con due frasi rispettivamente di 7 e 5 battute[17] (batt.11-22), ripresa del primo periodo con lievi cambiamenti del profilo melodico nella seconda frase (batt.23-32), coda che funge da transizione tra la sezione A e B (batt.32-40).

I motivi di questa prima sezione sono strettamente affini con il precedente *Intermezzo*: il ritmo melodico delle prime due battute è praticamente identico[18], quello del conseguente della frase risulta essere un aggravamento dell'altro (cfr. esempio 14); la cellula motivica che dà l'avvio al brano è anch'essa racchiusa in un intervallo di terza (mi-fa#-sol); sono presenti dei richiami al motivo di base dell'*Intermezzo* n.2, seppur con un grado di affinità più debole (moti

---

[16] Per ulteriori approfondimenti cfr. SCHÖNBERG, Arnold, *Elementi di composizione musicale*, Milano, Edizioni Suvini Zerboni 1969, p. 121 e sgg.

[17] In questo caso l'asimmetria è data dal fatto che la prima di queste due frasi presenta delle ripetizioni interne che la espandono (cfr. batt.11-14).

[18] Fatta eccezione per la nota lunga (minima puntata anziché semplice minima) dovuta al diverso metro utilizzato.

contrari o retrogradi, cfr. batt.2-4, 30-31, 54-55, 67-68 e simili); all'interno delle code delle sezioni esterne della *Ballata* è presente anche il motivo che aveva caratterizzato la parte 'b' della sezione A del precedente *Intermezzo* (alternanza di nota reale e nota di volta superiore), più udibile nella coda finale (cfr. batt.32-34, 110-112).

La coda della sezione A è una dimostrazione esemplare di transizione tra due sezioni con caratteri e profili ritmico-melodici molto differenti. In sostanza Brahms in appena 9 battute liquida[19] gli elementi caratteristici di A (sonorità forte e marziale con accompagnamento in accordi staccati) ed introduce alcuni elementi distintivi di B (ampi arpeggi legati nel basso e ritmo giambico nella parte superiore). A batt.38 l'accordo di V^7/IV riecheggiato nelle battute precedenti, passa in primo rivolto: tale accorgimento è estremamente utile e funzionale, in quanto pone in risalto il suono si al basso, che sarà poi la tonica nella sezione B. La transizione prepara l'ascoltatore ad accogliere nuove configurazioni ritmico-melodiche, ma il delicato ed estraniante effetto dovuto al

---

[19] A tal proposito si veda SCHÖNBERG, Arnold, op. cit., p. 60 e sgg.

concatenamento armonico Sol minore-Si maggiore è mantenuto in tutta la sua efficacia[20].

Ancora una volta è possibile riscontrare a livello profondo una successione scalare discendente, nel primo periodo della sezione A (cfr esempio 15). In altre parti del brano sono comunque presenti dei segmenti scalari simili, seppur di minore estensione.

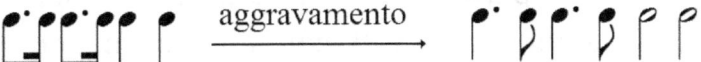

Esempio 14. Confronto tra figure ritmiche dell'*Intermezzo* n.2 (batt.2-3) e della *Ballata* (batt.3-4)

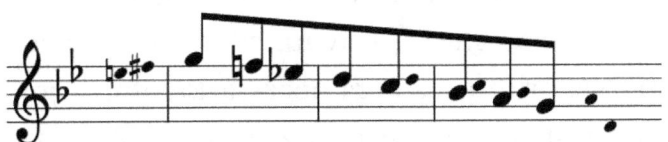

Esempio 15. Successione scalare discendente (batt.1-4)

---

[20] Un concatenamento simile (Sol maggiore-Si maggiore) è riscontrabile anche in due esempi illustri. Il primo, citato in BUSSI, Francesco, *La musica strumentale di Johannes Brahms: guida alla lettura e all'ascolto*, Torino, Nuova Eri 1989, p. 115, è presente alle batt.29-30 del lied *Der Musensohn op.92 n.1* di Schubert; il secondo si trova all'inizio del *Concerto n.4 op.58* di Beethoven, batt.5-6. Nei due esempi il concatenamento non è preparato, al contrario dell'episodio brahmsiano, ma condividono con esso l'utilizzo della nota comune si (mediante di Sol maggiore e tonica di Si) che funge da perno per il passaggio alla nuova area tonale.

La sezione B è articolata in due parti strutturalmente simili, formate entrambe da un periodo esteso di 16 battute (batt.41-56 e batt.57-72). La prima frase[21] (batt.41-48) si ripete identica nella seconda parte (batt.57-64). Nella prima parte la seconda frase (batt.49-56) presenta all'interno una 'trasfigurazione', lievemente contratta, delle prime 5 battute della *Ballata*, nell'area di Re♯ minore (mediante di Si maggiore). La seconda frase della seconda parte (batt.65-72), invece, sviluppa gli elementi caratteristici di B con un arricchimento del profilo melodico del basso.

Seguono 4 battute di transizione (batt.73-76), che preparano alla ripresa. La transizione in questo caso ha una conformazione diversa rispetto a quella che aveva introdotto la sezione B, dovuta anche al diverso ruolo assunto. Nel primo caso era necessario introdurre nuovi elementi motivici, mentre ora funge solo da ponte modulante. Infatti Brahms fa comparire sin da subito gli elementi distintivi di A, che oramai sono presenti saldamente nella memoria dell'ascoltatore. La transizione comincia con un accordo di Sol maggiore in

---

[21] In questo episodio la frase è da considerarsi di 8 battute, essendo in un tempo allegro con andamento scorrevole. Lo stesso Brahms indica una legatura di fraseggio ogni quattro battute, ad indicare il consueto respiro a metà della frase.

primo rivolto[22], servendosi anche in questo caso del suono comune si. Ascende cromaticamente fino alla ripresa di batt.77.

La sezione B è incentrata quasi interamente sul ritmo giambico, che come vedremo, si ripresenterà in maniera diffusa anche nella *Romanza* in Fa maggiore. Il profilo melodico presenta profondamente brevi successioni scalari, con segmenti sia ascendenti che discendenti ed ha, nel antecedente della prima frase (batt.41-44 e simili) una costruzione basata sull'intervallo di terza (cfr. esempio 16). All'interno di questa sezione è presente inoltre un particolare sfasamento armonico, una discrepanza tra l'armonia suggerita dal basso e quella implicata nella melodia. «La melodia di per sé nelle batt.41-42 implica Sol♯ minore, mentre il basso definisce Si maggiore. Nella batt.43 la melodia implica Si maggiore, punto in cui il basso comincia a spostarsi verso Sol♯ minore. Quando la melodia raggiunge il sol♯ nella batt.44, il basso muove verso Fa♯ maggiore. Questa interazione è eccezionalmente fluida [...]»[23].

---

[22] La transizione presenta le caratteristiche della sezione mediana di A (batt.11-22)

[23] ROSEN, Charles, *Brahms the Subversive*, in *Critical Entertainments: Music Old and New*, Harvard University Press 2001, p. 152

La ripresa è ripetuta integralmente, fatta eccezione per la coda finale (batt.108-117) che vede prima un alternarsi dell'accordo di tonica e del VI grado, poi l'introduzione di una 'riminiscenza', questa volta con l'utilizzo degli elementi tematici di B. La linea melodica delle due battute iniziali della sezione centrale (batt.41-42) sono esattamente trasportate in Sol minore, infatti l'alternanza armonica tra tonica e sottodominante è funzionale sia per un'esposizione tematica (inizio sezione B) che per una chiusa cadenzale di tipo plagale (coda finale).

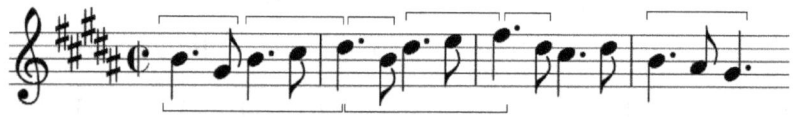

Esempio 16. Intervalli di terza nelle batt.41-44

L'**Intermezzo n.4** in Fa minore è strutturato anch'esso in forma ternaria, sezione A (batt.1-51), B (batt.52-99), A' (batt.100-133) ed è costruito quasi interamente in forma canonica, con una severa quanto sorprendente osservanza di tale artificio contrappuntistico. La sezione A sembra presentare internamente la fisionomia della 'piccola forma ternaria' (cfr. nota 15), con esposizione (batt.1-16), sezione mediana (batt.17-38) e ripresa (batt.39-51).

La stretta imitazione canonica si instaura tra soprano (dux) e tenore (comes) ed il movimento di terzine tra contralto e basso crea un ulteriore gioco imitativo per moto contrario, non rigoroso, che dà l'illusione di un secondo canone.

Anche quest'*Intermezzo* è, sotto il profilo motivico, imparentato con il secondo in La maggiore. L'esempio 17 mostra la derivazione della figura ritmico-melodica composta da terzina più croma, mentre per il disegno melodico che compare dal levare di batt.8 è palese la sua affinità con quello della sezione B sempre del secondo *Intermezzo*[24], che ne conserva perciò la stessa struttura scalare profonda (cfr. esempio 18).

---

[24] Tra il levare e battere delle batt.8-9 e batt.92-93 è presente anche il motivo comparso nell'incipit dell'*Intermezzo* n.2.

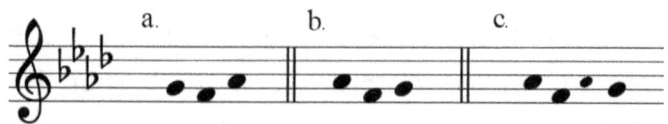

Esempio 17. Motivo *Intermezzo* n.2, trasportato (a). Retrogrado .(b). Figura ritmico-melodica *Intermezzo* n.4 (c)

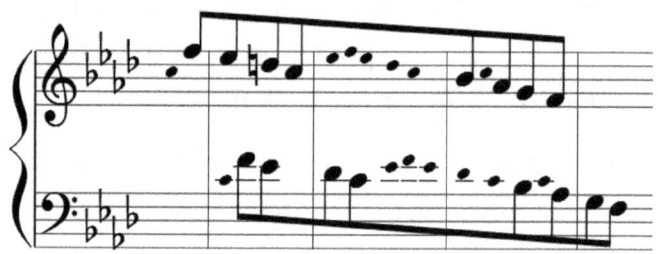

Esempio 18. Successione scalare discendente (batt.8-11)

Nella sezione mediana di A l'imitazione canonica tra soprano e tenore si interrompe, mentre sopravvive il movimento 'proposta-risposta' delle terzine, a tratti sospeso anch'esso da brevi incisi melodici, il primo dei quali (batt.18-19) sembra essere già stato ascoltato (cfr. *Intermezzo* n.2, batt.18-19).

A batt.39 Brahms riprende quasi integralmente la prima frase dell'*Intermezzo*, che cadenza con maggiore efficacia alla dominante. Segue un appendice con i residui del movimento imitativo, limitati alla sola nota do, quinto grado di Fa minore, che funge da transizione con la sezione B dell'*Intermezzo*, in La♭ maggiore. La linea melodica, infatti, riparte dallo stesso suono (terzo grado della nuova tonalità) e per l'intera sezione è mantenuto il rigore canonico.

La sezione B è caratterizzata da una maggiore staticità ritmica dovuta all'assenza delle terzine, ma al tempo stesso, i continui mutamenti armonici le danno plasticità e scorrevolezza. Vi è un primo blocco nell'area di La♭ maggiore: il profilo melodico iniziale è affine ancora una volta con quello della sezione B dell'*Intermezzo* n.2 (cfr. esempio 19). Armonicamente presenta la successione I^6 - II^7 - V^{9-8}, seguita da un pedale di tonica. Il la♭ di batt.67 viene interpretato enarmonicamente come sol♯, permettendo una ripetizione della successione armonica precedente (escluso il pedale) nell'area di Mi maggiore. Qui la linea melodica è meno ricca ma, sebbene poco riconoscibile data la sua diluizione, è incluso ancora il motivo iniziale dell'*Intermezzo* n.2 (cfr. batt.67-71, voce superiore: sol-fa-la). Il procedimento è ripetuto letteralmente nell'area di Do maggiore, questa volta seguito dal pedale di tonica. Quest'ultima area tonale prepara il ritorno a Fa minore, facilitato dalla commistione modale dovuta alla presenza del la♭ (sesto grado abbassato di Do maggiore: cfr. settima diminuita batt.87-90). Segue un'ultima frase[25] che conferma il definitivo ritorno alla tonalità d'impianto, con l'introduzione di note caratteristiche quali reb e sib[26], e reintroduce la figura ritmica delle terzine tipica delle sezioni esterne.

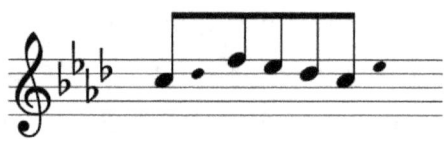

Esempio 19. Profilo melodico iniziale della sezione B

All'interno della sezione B, l'intervallo di terza assume un ruolo centrale. Basta scorrere tale sezione per capirne l'importanza: compare frequentemente come movimento nelle parti interne e come base intervallare per la costruzione di interi profili melodici (cfr. batt.83-99). Si è già detto della sua ricorrenza nella costruzione dei frammenti motivici utilizzati fin qui, anche nel presente *Intermezzo*. Inoltre è interessante notare che anche le relazioni armoniche tra le aree tonali che si susseguono in questa sezione sono in

---

[25] Come vedremo in seguito, l'incipit di tale frase sarà riutilizzata nella successiva *Romanza*.

[26] Nelle successive batt.95-97 tali note ricompaiono con il bequadro, dovuto alla presenza della dominante della dominante (Sol maggiore), che non compromette in alcun modo la stabilità tonale e quindi la sensazione di movimento verso Fa minore.

rapporto di terza (Lab-Mi-Do). Tale rapporto armonico, in realtà, è sempre presente tra le sezioni di tutti i brani del ciclo.

La ripresa ripropone le battute iniziali dell'*Intermezzo*, questa volta arricchite da raddoppi nelle parti interne e maggiormente dislocate in quasi tutto il registro pianistico. Ne consegue un incremento di tensione armonica che porta ad un primo culmine melodico (batt.105). A batt.111 una risoluzione eccezionale, tipicamente bachiana[27], ritarda la chiusura del brano spostandosi verso l'area della sottodominante. Attraverso una sesta tedesca (batt.115) si ripresenta la cadenza composta (I^6_4 - V^7) nell'area della tonica. Brahms ripresenta ancora la risoluzione eccezionale e la successiva sesta tedesca, seguite questa volta da una vera chiusa cadenzale, di stampo plagale. Dal levare di batt.124 parte un arco tensivo, reso particolarmente efficace dalla stretta imitazione canonica, con il solito motivo iniziale dell'*Intermezzo* n.2, questa volta per moto contrario. Sul levare di batt.127 si colloca il vero punto culminante, che con una serie di imitazioni a cascata

---

[27] La dominante di Fa minore risolve sulla dominante secondaria del quarto grado. Tra i tanti esempi, si vedano le battute finali del preludio in Do maggiore, della fuga in Do# minore dal primo libro del Clavicembalo Ben Temperato o del preludio in Re minore dal secondo libro.

supportate da un'armonia di sottodominante, si giunge alla tonica con terza di piccarda. Quest'ultima e la presenza del do come nota superiore, introducono la successiva *Romanza* in Fa maggiore[28].

---

[28] Lo stesso procedimento era avvenuto tra il primo e secondo *Intermezzo*, a conferma della divisione del ciclo in due raggruppamenti dalle caratteristiche simili.

La **Romanza** in Fa maggiore, quinto numero del ciclo, è in forma ternaria. La sezione A segue una costruzione regolare articolata in due periodi di 8 battute, ciascuno composto da due frasi. Il profilo melodico di tutta la sezione è contenuto nella prima frase (batt.1-4): la voce interna funge da *Hauptstimme*, supportata dalla voce superiore che procede parallelamente. L'esempio 20 mostra la derivazione della voce interna delle sezioni esterne, che rappresenta una sorta di sunto di molti degli elementi motivici tratti dai precedenti brani: il segmento *b*, caratterizzato dall'iniziale intervallo di terza, è tratto dal precedente *Intermezzo*; il frammento *c* evidenzia la presenza del motivo dell'*Intermezzo* n.2; il segmento *d* è una diversa esposizione ritmica del motivo della sezione B sempre dell'*Intermezzo* n.2, mentre *d'* e *d''* ne includono due varianti, rispettivamente l'inverso e il retrogrado; il tratto *e* può essere visto come il motivo iniziale della *Ballata*. Per quanto riguarda il segmento *a*, esso rappresenta una diversa disposizione dei suoni all'interno del consueto intervallo di terza. Tale configurazione[29] prende corpo nella *Romanza* ma, come

---

[29] Non è esclusa l'ipotesi che ci sia un legame di derivazione tra questo segmento e il motivo che compare a batt.17 dell'*Intermezzo* n.2. Entrambi sono caratterizzati dall'alternanza di due suoni contigui.

si vedrà in seguito, avrà la sua piena affermazione ed evoluzione nel successivo *Intermezzo*.

La seconda frase (batt.5-8) è una ripetizione variata della prima: l'antecedente presenta un arricchimento del profilo melodico della parte interna, mentre il conseguente subisce lievi mutamenti dovuti ad una diversa direzione armonica. Il secondo periodo ripropone la frase iniziale, in veste di una seconda variazione: la parte interna, sempre raddoppiata in ottava, è messa in risalto diventando voce superiore; l'accompagnamento evolve in ampi arpeggi, acquistando a batt.11 un profilo melodico ben definito. L'ultima frase (batt.13-16) ne ripropone la seconda, il cui conseguente subisce altri mutamenti sempre dovuti ad una diversa direzione armonica.

Anche in questo caso dalla struttura profonda del disegno melodico si evince l'oramai consueta successione scalare discendente, come mostrato nell'esempio 21.

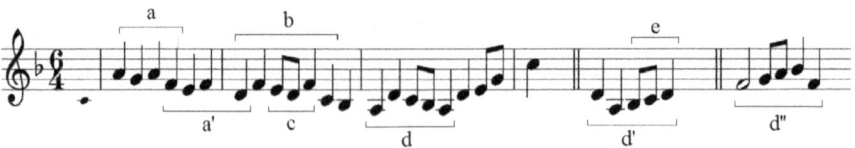

Esempio 20. Voce interna batt.1-4, batt.7, batt.55

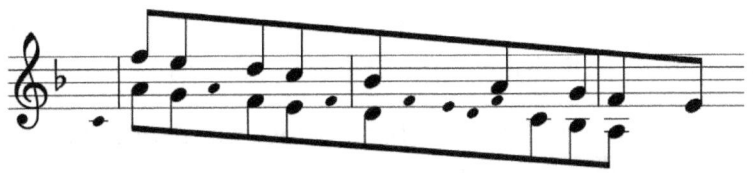

Esempio 21. Successione scalare discendente (batt.1-3)

Degne di nota sono le cadenze di frase, che presentano alcune particolarità. In queste battute (batt.4, 12, 16) è messo in risalto il rapporto di terze delle successioni accordali: tra le triadi di tonica e di dominante è interposta la triade del terzo grado, con il risultato di un «arcaicizzante diatonismo modale»[30]. A batt.8 il procedimento si discosta dagli altri: si presenta la triade di La maggiore (dominante dell'area tonale, appena raggiunta, del VI grado di Fa maggiore) per i due terzi della battuta, seguita dalla stessa triade con terza minore (III grado di Fa maggiore), che funge da dominante per la successiva ripartenza di frase. Il concatenamento che ne risulta (III-I) è reso più agevole dalla presenza del do come nota superiore della linea melodica. Tale successione, armonicamente più debole della consueta V-I[31], in questo frangente risulta essere

---

[30] BUSSI, op. cit., p.116

[31] Per ulteriori approfondimenti cfr. SCHÖNBERG, Arnold, *Manuale di armonia*, Milano, il Saggiatore 1963, p. 143 e sgg., pp. 166-167

quanto mai efficace, donando un effetto quasi estraniante e di rinnovato interesse alla ripresa di frase.

Inoltre queste battute sono caratterizzate dalla cosiddetta 'hemiola': il metro di 6/4 subisce una diversa scansione accentuativa, passando da una battuta a due tempi con suddivisione ternaria ad una battuta a tre tempi con suddivisione binaria (tipica del 3/2). Tale irregolarità metrica è particolarmente marcata sia dal diverso fraseggio, che prevede legature proprio ogni due semiminime, sia dai cambi armonici che avvengono in corrispondenza della nuova scansione.

La sezione A presenta un caso di 'multiritmia', cioè la presenza di gruppi ritmici diversi in uno stesso contesto[32]. Nelle prime due battute (e simili) vi è un'alternanza tra piedi trocaici inversi (del tipo breve-lunga, batt.1) e regolari (lunga-breve, batt.2).

La sezione B, in Re maggiore, si presenta formalmente come «tema con due variazioni e coda», costruita secondo «schemi barocchi»[33], verrebbe da dire händeliani. Questa sezione è l'unico caso in tutto il ciclo in cui la sezione centrale ha un metro diverso (2/2) da quelle esterne.

---

[32] Per maggiori precisazioni cfr. AZZARONI, op. cit., p. 200 e sgg.

[33] RATTALINO, Piero, *Storia del pianoforte*, Milano, il Saggiatore 1982, p. 224

Il tema è costituito da due frasi quasi identiche di 4 battute, sorrette da un pedale di tonica[34], che rimane invariato per tutta la sezione. Il motivo generatore è il segmento a (diminuito) evidenziato nell'esempio 20. Nelle due successive variazioni (batt.25-32 e batt.33-39) il profilo melodico subisce ogni volta un'accelerazione sul piano ritmico: si passa dalla quartina di crome, scansione base del tema, alla sestina di crome e poi alla doppia quartina di semicrome. Nella seconda frase dell'ultima variazione (batt.37-39), il ritmo subisce una brusca decelerata: la linea melodica è ridotta ai suoi tratti essenziali con una scansione costante di semiminime. In questa sezione si presenta una raffinata particolarità armonica: l'utilizzo della scala modale lidia costruita sul re. Tale scala è simile a una scala maggiore, ma con il quarto grado innalzato. E' il caso di batt.20 e simili, dove compare una triade sul secondo grado con terza innalzata (sol♯, quarto grado di re) seguita da un segmento scalare che conferma l'ipotesi modale. Inoltre il sol♯ ha anche una funzione melodica, in quanto congiunge, con le sembianze di una sensibile, il la che dà l'avvio a tutte le frasi. Da un punto di vista tonale questa triade maggiore potrebbe anche essere vista come dominante della dominante, ipotesi plausibile a

---

[34] Il ritmo trocaico che lo delinea è un chiaro riferimento alla sezione centrale della *Ballata* in Sol minore.

batt.24-25 e batt.28-29, dove è seguita dalla dominante e dalla tonica, mentre nelle batt.20-21 e batt.36-37 tale possibilità è smentita dalla mancanza dell'accordo di dominante.

La coda presenta lo stesso disegno ritmico di batt.20, cioè un trillo di minima seguito da una scala ascendente in semicrome e presenta una classica successione a conferma della tonalità d'impianto: $V^7/IV - IV - V^7 - I$.

Separate da una doppia stanghetta si presentano poi tre battute di transizione (batt.45-47), che conducono alla ripresa. In esse è ristabilito il tempo 6/4. Il trillo di minima garantisce continuità con quanto ascoltato fino ad allora, mentre nella parte superiore la presenza del semplice ritmo trocaico inverso (breve-lunga) predispone l'ascoltatore a richiamare alla memoria quanto appreso durante la sezione A. Armonicamente sfrutta il semplice cambio modale della triade di re, da maggiore a minore, in modo tale da avere poi (batt.47-48) la successione VI – V - I in Fa maggiore[35].

---

[35] In realtà la funzione di dominante è qui fittizia, infatti è presente solo un ambiguo bicordo do-la che sarebbe più affine ad una triade di tonica in secondo rivolto. In ogni caso, data la preminenza del suono do (in raddoppio) e la sua presenza al basso che genera un successivo moto di

Nella ripresa è ripetuta integralmente la prima frase della sezione A, seguita da una sua variazione: la voce interna prende corpo, distribuita su tre ottave, in un crescendo che porta al punto culminante nella seconda metà di batt.53. Qui, con risoluzione sul battere di batt.54, compare la prima vera cadenza autentica composta: II - $^{+}$II^2/V - V^7 - I. Segue una coda impostata su un'armonia statica di sottodominante con un iniziale pedale di tonica, costruita con frammenti motivici di A[36].

---

quinta discendente (do-fa), la sensazione globale è quella di una funzione di dominante.

[36] Per quanto riguarda l'accordo che precede il V^7, si tratta di una settima diminuita costruita sul II grado di Do maggiore (area della dominante) con fondamentale e terza (omessa in questo caso) innalzate cromaticamente, che introduce l'accordo di settima di dominante di Fa maggiore. Per maggiore chiarezza cfr. PISTON, Walter, *Armonia*, Torino, EDT 1989, p. 386 e sgg. Si potrebbe anche interpretare il $^{+}$II^2/V come un'appogiatura multipla (la-sol, re#-mi, la-si♭) sulla settima di dominante successiva.

L'**Intermezzo n.6** in Mi♭ minore è strutturato secondo la consueta forma ternaria, con un lieve mutamento di schema, dovuto alla ripetizione quasi letterale della prima sezione. Si presenta quindi una configurazione del tipo:

A   A' | B | A''

L'idea tematica è esposta, per la prima volta, in stile monodico con un armonia di tonica solo implicata. Si presenta come un'ulteriore espansione melodica dei suoni contenuti all'interno dell'intervallo di terza. L'esempio 22 ne mostra la derivazione dei segmenti che lo compongono: il segmento *a* fa riferimento al motivo iniziale della voce interna della precedente *Romanza* (cfr. esempio 20, segmento *a*); il segmento *b* può essere visto come il rovescio del motivo del *Intermezzo* n.2, che assumerà maggiore rilievo nella seconda parte della sezione A (cfr. batt.9-15); il segmento *c*, che si presenta come intervallo di terza in forma scalare (naturale conseguenza melodica dei continui cambiamenti di direzione precedenti), era già apparso, in senso inverso rispetto al presente caso, nella sezione centrale della *Ballata* (cfr. batt.47-48): tale motivo risuonerà, come si vedrà, con maggiore insistenza nella sezione B. In sostanza in questo sinuoso profilo melodico è contenuto praticamente tutto il materiale motivico dell'intero *Intermezzo*.

Nella seconda parte di A la linea melodica, raddoppiata una terza sotto, ricalca i lineamenti della prima apparizione, conservandone il ritmo ed introducendo un maggiore cromatismo che ne accentua la patetica liricità. In questa parte Brahms ritorna al procedimento di imitazione canonica, questa volta con maggiore dilatazione delle entrate, poste a distanza di una terza sotto. Nelle batt.13-15 l'imitazione, distribuita tra le due mani, si fa più stretta, grazie ad una contrazione del disegno che subisce l'eliminazione della battuta centrale (sestina di semicrome). Ne consegue un incremento di tensione, dovuto anche allo spaziamento delle entrate nell'arco di quasi tutto il registro medio-alto del pianoforte. Il profilo melodico di queste battute presenta a livello profondo la consueta successione scalare discendente, come mostrato dall'esempio 23.

Segue una breve coda (batt.17-20) che ripropone nel registro basso l'idea tematica iniziale, raddoppiata due ottave sotto e trasportata nell'area della dominante minore. Il sostegno armonico in questo caso è chiaramente esplicitato.

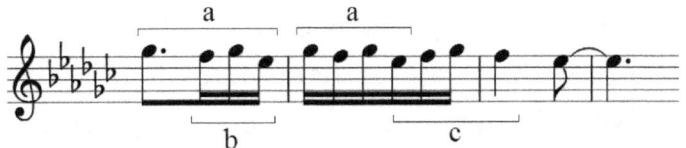

Esempio 22. Derivazione idea tematica iniziale

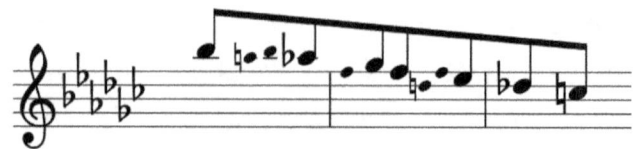

Esempio 23. Successione scalare discendente (batt.9-11)

Armonicamente la sezione A presenta un'ambiguità simile a quella riscontrata nell'*Intermezzo* n.1: la tonica non è mai stabilita con assoluta chiarezza fino alle battute finali. La sezione si poggia, tranne in brevi momenti, su un accordo di settima diminuita (la♮-do♮-mi♭-sol♭) che sostiene anche la seconda enunciazione dell'idea tematica un'ottava sotto (batt.5-6). Tale accordo è riferibile maggiormente all'area della dominante minore piuttosto che a quella d'impianto. Inoltre la triade di tonica, come nell'*Intermezzo* n.2, si presenta solo sui tempi deboli della battuta o in rivolto. In sostanza il presente *Intermezzo* ha caratteristiche tratte dai due tipi di ambiguità armonica riscontrati nei primi due intermezzi, con il risultato di una indeterminatezza armonica particolarmente accentuata. L'unico caso in cui la tonica è esplicitata con chiarezza a sostegno del disegno melodico principale è a batt.21, ma la sensazione globale che si ha non è di una triade di tonica. Nelle battute precedenti è stata esposta, come detto, l'idea tematica nell'area della dominante minore (quasi a conferma del sospettato orientamento tonale), il che influisce sulla successiva comparsa dell'accordo di tonica, che risulta avere più le sembianze di una sottodominante di Si♭ minore. Le armonie di tonica, presunta, e di settima diminuita che si alternano nelle battute iniziali dell'*Intermezzo* sembrano rimandare al motivo comparso nella sezione A dell'*Intermezzo* n.2 (alternanza nota reale e nota di volta superiore, cfr. esempio 7):

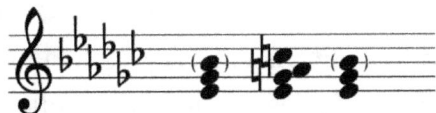

Esempio 24. Alternanza armonie batt.1-5

La sezione A' si differenzia dalla precedente solo nelle battute iniziali (batt.23-26), in cui vi è una diversa tipologia di accompagnamento, sempre basato sull'accordo di settima diminuita visto prima.

La sezione B si apre nell'area di Sol♭ maggiore (in relazione di terza con la precedente), ma poco dopo è ancora la tonalità di Si♭ minore a prendere il sopravvento, questa volta con maggiore efficacia prima attraverso una cadenza sospesa alla dominante e poi con una cadenza composta autentica (cfr. batt.43-44 e batt.48-49). In questa sezione vi è un netto contrasto con la precedente: il ritmo subisce un'accelerazione, diventando più incisivo; il profilo melodico subisce una ampia espansione; l'armonia è più trasparente. L'esempio 25 mostra la derivazione della figura ritmico-melodica prevalente di questa sezione con quella dell'*Intermezzo* n.2. Inoltre tale figura rappresenta l'inverso del segmento *c* messo in luce nell'esempio 22. La struttura profonda iniziale della sezione centrale è composta, come quella della sezione A, da brevi segmenti scalari che coprono l'intervallo di terza e vi è una 'brahmsiana' coerenza nella gestione del materiale, come evidenziato dall'esempio 26. Nelle batt.53-54 e batt.59-62 ricompare in fortissimo l'idea tematica principale dell'*Intermezzo*: nel primo caso vi è una chiara armonia di Si♭ minore, mentre nel secondo l'armonia muove verso il Re♭ maggiore con una cadenza quasi completa (dopo la dominante non si presenta la tonica) arricchita da una commistione modale: il II grado di Re♭ che precede la dominante presenta il quinto grado abbassato (si♭♭) tipico della tonalità minore. E' interessante notare la forte somiglianza tra l'ultimo tratto melodico di batt.61 con levare e il motivo dell'*Intermezzo* n.1 (cfr. esempio 27), complice la forte dissonanza sul battere che caratterizza entrambi i segmenti.

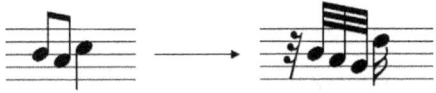

Esempio 25. Derivazione figura ritmico-melodica sezione B[37]

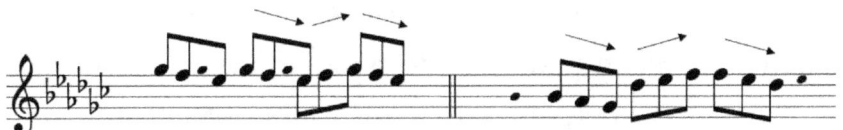

Esempio 26. Coerenza del materiale tematico di A e B

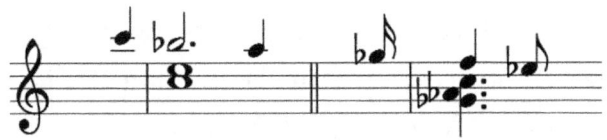

Esempio 27. Confronto tra il motivo dell'*Intermezzo* n.1 (batt.1) e batt.61 dell'*Intermezzo* n.6

A batt.63 inizia la ripresa, senza una reale transizione, essendo sufficiente il fatto che il sol♭ è già stato udito nel precedente accordo ed inoltre, seppure in un ambiente tonale completamente differente, l'idea tematica si è appena ascoltata. A batt.67 una cadenza evitata apre nuovi scenari: nel basso la semicroma re♭ di batt.66 anziché risolvere sul do♮, come nell'esposizione,

---

[37] Gli intervalli riportati nell'esempio sono puramente indicativi, non fanno riferimento a nessuna altezza precisa.

si muove verso do♭, che diventa momentaneamente tonica. In questo frangente il profilo melodico è simile alla sezione A, con la differenza che ora è raddoppiato, almeno inizialmente, per seste, ottenendo una sonorità più eterea. A batt.71 si ritorna alla tonalità di Mi♭ minore, con un pedale di dominante che dà inizio alla coda in cui vengono sciolti tutti i dubbi sull'impianto tonale. Sul finale ci sono due ultime enunciazioni dell'idea tematica: prima disposta su tre ottave in modo simile alle batt.17-18, poi due ottave sopra con una maggiore esplicitazione dei concatenamenti armonici, che senza dubbi confermano la tonalità d'impianto: I – II^6(IV) - I - II^6 - V^7/V - VI^6/V - V^7 – I.

Conclusioni

Alla luce di quanto detto, si è dimostrato il sofisticato 'modus operandi' brahmsiano che con piccoli e semplici elementi riesce a creare complessi ed articolati edifici sonori, mantenedo una coerenza ed una coesione esemplare. Motivi che in un momento appaiono di poco interesse o secondari, vengono in altri momenti tramutati in 'pensieri' compiuti che evidenziano la non casualità degli eventi esposti. La totalità dei *Klavierstücke op.118* si basa, come visto, sull'intervallo di terza da cui hanno origine tutti i motivi principali. Anche i rapporti tonali tra le sezioni esterne e centrali si fondano su una relazione di terza. Inoltre si è riscontrata in tutti i brani una successione scalare discendente, a livello profondo, nella costruzione delle frasi. Tutti questi elementi ed i nessi implicati dimostrano l'unitarietà dell'opera ed allo stesso tempo l'indipendenza e l'efficacia del singolo costrutto.

Bibliografia

AZZARONI, Loris, *Canone infinito: lineamenti di teoria della musica*, Bologna, Clueb 1997

BRAHMS, Johannes, *Klavierstücke*, G.Henle Verlag

BUSSI, Francesco, *La musica strumentale di Johannes Brahms: guida alla lettura e all'ascolto*, Torino, Nuova Eri 1989

CAMPBELL, Joan, *Cadence and Closure in Brahms's Late Piano Music*, McGill University, Montreal 2010, dissertazione di laurea

CONE, Edward T., *Music, a View from Delft: Selected Essays*, University of Chicago Press, 1989

COOPER-MEYER, *The Rhythmic Structure of Music*, University of Chicago Press, 1963

COUCH, Leon W III, *Voice Leading and Emotional Transformation in Brahms's Intermezzo in E-flat minor op.118 no.6* (dal sito internet http://scholarship.profcouch.us/, ultima consultazione del 10/04/2012)

EPSTEIN, David, *Al di là di Orfeo. Studi sulla struttura musicale*, Milano, Ricordi 1998

MALUF, Shireen, *Paths not taken: Structural-harmonic ambiguities in selected Brahms Intermezzi*, McGill University, Montreal 2010, dissertazione di laurea

MUSGRAVE, Michael (cur.), *The Cambridge Companion to Brahms*, Cambridge University Press, 1999

PISTON, Walter, *Armonia*, Torino, EDT 1989

RATTALINO, Piero, *Storia del pianoforte*, Milano, il Saggiatore 1982

ROSEN, Charles, *Brahms the Subversive*, in *Critical Entertainments: Music Old and New*, Harvard University Press 2001

SCHMIDT, Christian Martin, *Brahms*, Torino, EDT 1990

SCHÖNBERG, Arnold, *Elementi di composizione musicale*, Milano, Edizioni Suvini Zerboni 1969

SCHÖNBERG, Arnold, *Manuale di armonia*, Milano, il Saggiatore 1963

STEINBRON, Matthew, *Polyfocal Structures in Franz Schubert's Lieder*, Louisiana State University 2006, dissertazione di laurea

www.ingramcontent.com/pod-product-compliance
Lightning Source LLC
Chambersburg PA
CBHW071636170526
45166CB00003B/1337